# Epístola sobre el Oro Potable

## Epístola Mezahab

Benjamín Musafia

# EPÍSTOLA SOBRE EL ORO POTABLE

## EPÍSTOLA MEZAHAB

EDICIONES OBELISCO

Si este libro le ha interesado y desea que le mantengamos informado de nuestras publicaciones, escríbanos indicándonos qué temas son de su interés (Astrología, Autoayuda, Ciencias Ocultas, Artes Marciales, Naturismo, Espiritualidad, Tradición...) y gustosamente le complaceremos.

Puede consultar nuestro catálogo de libros en www.edicionesobelisco.com

**Colección Biblioteca Esotérica**
EPÍSTOLA SOBRE EL ORO POTABLE
EPÍSTOLA MEZAHAB
*Benjamín Musafia*

1.ª edición: febrero de 2013

Título original: *Epistola Mezahab dictam de Auro*

Traducción: *Carmen de la Maza*
Maquetación: *Joan Rosique Riudoms*
Diseño de cubierta: *Enrique Iborra*



Edita: Ediciones Obelisco S. L.
Pere IV, 78 (Edif. Pedro IV) 3.ª, planta 5.ª puerta
08005 Barcelona - España
Tel. 93 309 85 25 - Fax 93 309 85 23
E-mail: info@edicionesobelisco.com

Paracas, 59 C1275AFA Buenos Aires - Argentina
Tel. (541-14) 305 06 33 - Fax: (541-14) 304 78 20

ISBN: 978-84-9777-879-4
Depósito Legal: B-32.135-2012

*Printed in Spain*

Impreso en España en los talleres gráficos de Romanyà/Valls, S. A.
Verdaguer, 1 - 08786 Capellades (Barcelona)

# EPÍSTOLA MEZAHAB[1]

## Presentación

La *Epístola Mezahab o Epístola sobre el Oro Potable*, escrita en latín por Benjamín Musafia, salió a la luz por primera vez, en 1640 en Hamburgo, como un apéndice a la primera publicación de las *Sacra-Medicae Sententiae* del mismo autor, pero desapareció misteriosamente de la copia que se conserva en el British Museum. Sin embargo, en el año 1694 fue reeditada anónimamente por un miembro de la Academia Curiosorum Naturae, conocido en ese círculo como «Néstor IV» y llamado Johann Ludwig Hannemann, quien la incluyó en su obra *Ovum hermetico-paracelsico-trismegistum* y la relacionó en su célebre tratado *Esh Mezareph*, texto alquímico-cabalístico que reproduce la *Kabbala Denudata* de C. von Knorr de Rosenroth (1677). Pocos años después, en 1714, *La Epístola Mezahab* fue copiada fielmente por Johann Jacob Schudt y añadida a sus *Jüdische Merkwürdigkeiten*, publicada en Francfort.

1. Para el autor *Mezahab* es el Oro Potable, como más adelante se dirá. En hebreo *Mezahab* מזהב significa «de Oro» y también «dorado, cubierto por una capa de Oro». Se trata, pues, también, de una «cobertura».

El texto que hoy presentamos tuvo una cierta repercusión en su época ya que fue incluido en varias colecciones y antologías de escritos alquímicos. Con el tiempo cayó en el olvido y no se divulgó abiertamente hasta el año 1989, cuando el erudito François Secret presentó en París, en la revista *Chrysopoeia*, el texto original latino y su traducción en francés. La *Epístola Mezahab* fue también traducida en inglés por Raphael Patai en su libro *The Jewish Alchemist* (Princeton, 1994). Nosotros, basándonos en el texto latino que acabamos de mencionar, presentamos su traducción en castellano.

J. Ferguson, en su utilísima *Bibliotheca Chemica, a catalogue of the alchemical, chemical and pharmaceutical books in the collection of the late James Young of Kelly and Durris* (Tomo I, pág. 363) publicada en Londres en el año 1906 por J. Maclehose e hijos, cita a nuestro autor en varias ocasiones. También lo cita, y elogiosamente el Gaón de Vilna en su *Aderet Eliahu* sobre el Levítico. Más recientemente, a finales del siglo XVIII, Eleazar ben Salomón Lisser comentó el *Zeker Rab* de nuestro autor.

De Benjamín Musafia (o *Mussaphia*), alias Dionysus, sabemos que nació probablemente en España en el año 1606 y murió en 1676. Se dedicó al estudio de la Alquimia, además de ejercer como médico en Hamburgo, y después en Dinamarca, en la corte del rey Christian IV, quien lo tuvo en gran estima. En el año 1648 se instaló en Amsterdam, donde se convirtió en uno de los líderes intelectuales de la comunidad judía.

# JOH. LUDOVICI HANNEMANNI,

D. & Philosophiæ Naturalis in Illustri CHRISTIAN-ALBERTINA Professoris Publici & Ordinarii: Leopoldinæ Societatis Collegæ Nestoris II.

# OVUM HERMETICO-PARACELSICO-TRISMEGISTUM.

*i. e.*

## COMMENTARIUS-PHILOSOPHICO-CHEMICO-MEDICUS,

*In quandam Epistolam*

MEZAHAB DICTAM DE AURO.

Et Historia Philosophico Chemico-Medica de eodem metallo nativo & artificiali.

*In quo*

ET 108. QUÆSTIONES CHEMICÆ ab Excellentiss. D. D. MORHOFIO propositæ ab Autore solvuntur.

*Omnia, juxta adepta Paracelsicæ & Eclectica Philosophiæ principia.*

Una cum Fasciculo Epistolarum ad quosdam nostri Seculi Medicos Celeberrimos, & Appendice Ap logetico

---

*FRANCOFURTI*,
Impensis FRIDERICI KNOCHII,
ANNO M. DC. XCIV.

Su obra más conocida, el *Mussaf Ha-Aruch*, tuvo una gran difusión en su época y fue reeditada en numerosas ocasiones.

La *Epístola Mezahab* es, de hecho, un estudio sobre las siete clases o cualidades del Oro Filosófico, reflejadas tanto en los textos bíblicos como en los talmúdicos o rabínicos. La Cábala y la Alquimia se entrelazan aquí de una manera inseparable. *El verdadero conocimiento* –afirmaba Emmanuel d'Hooghvorst– *no es abstracto, sino operativo y «encarnado»*. Por esta razón, los Maestros auténticos nos reconducen siempre hacia la búsqueda de un estado de fijeza encarnada y perfecta, donde no cabe la corrupción y que solamente se obtiene mediante la Piedra Filosofal, el Oro de los Alquimistas, la Palabra o Cristo, según se refiera el simbolismo de las distintas tradiciones monoteístas de Occidente.

A propósito de la revelación de este Misterio, en el bien entendido que «revelar» significa a la vez dar a conocer y volver a ocultar, el idioma hebreo, considerado como la lengua divina por excelencia, es particularmente expresivo. Con la combinación de sus letras, la forma de las mismas y otros accidentes de su alfabeto, los hebreos son capaces de elaborar definiciones muy precisas, además de poner a la vista del lector aquello que, a su vez, esconden. Para poner un ejemplo que no se aleje del texto que presentamos, nos referiremos a la palabra *Hashmal* (חשמל), que la Biblia de los Setenta traduce como Electrón. Podría proceder de נחש מל, bronce bruñido, como un espejo. A propósito de este Electrón o *Hash-*

*mal*, es particularmente esclarecedor un comentario de Emmanuel d'Hooghvorst que dice así: *Este mercurio vulgar cuando es fijado en mercurio fluyente, se convierte en el mercurio de los filósofos, como un espejo transparente que revela al discípulo todo lo que desea saber. Por eso se considera que habla.* (Hilo de Penélope II).

Otro sentido posible de נחש מלל sería el de serpiente que habla, lo que nos conduce a Números 21: a la serpiente de bronce bruñido (נחש נחשת) que confeccionó Moisés, por mandato divino, y que colocada sobre un asta, curaba del veneno serpentino vulgar.[2]

Este pequeño texto nos descubre una idea en la que pocos han reparado: los sabios más importantes de Israel «residían en Alejandría» y se les llamaba «egipcios». Así los libros de alquimia que fueron destruidos por Diocleciano no pertenecieron a los egipcios sino a los hebreos.

Carmen de la Maza
Barcelona

2. *Véase* nota 11.

# Epístola Mezahab o Epístola sobre el Oro Potable

# Epístola Mezahab o Epístola sobre el Oro Potable,

extraída por cierto Erudito que hasta ahora prefiere ser ignorado, de las despensas de las Sagradas Escrituras y de los preceptos de los Rabinos.
Dirigida a su doctísimo amigo ya famoso en toda Europa y escrita prudentemente.

No sabría cómo alabarte, pues los grandísimos elogios que podría dirigirte son irrisorios ante tus méritos extraordinarios, y me doy cuenta de que el hecho de que antaño compartiéramos estudios no contribuiría a aumentar tu renombre [dada la simpatía que ello implicaría por mi parte],[3] cuando otros, con igual autoridad, sin afecto ni pasión traducen tus palabras exquisitas imaginando que son capaces de interpretar tu superioridad, pero [tú mismo] me indicas cómo debo dignamente honrarte, haciendo gala de tu honestidad, al proponerme como árbitro de investigación tan elevada. ¿Por

3. Las palabras que figuran entre corchetes son aclaraciones nuestras. *(N. de la T.)*.

qué razón desdeñaría, sin agradecimiento, obedecer tu mandato? Es preferible pagar tu generosidad con mis deficiencias que insatisfacerte por completo a causa de mi propia inseguridad.

Así pues, ahora escribiré concisamente mis argumentos, ya que en las cosas doctas, es más necesaria una gota de Sabiduría que cualquier inútil verborrea. Tampoco envidiamos una elegancia retórica sino que proponemos un estilo verdadero.

Preguntas si el Nombre del Oro Potable,[4] descubierto por los sabios de nuestro pueblo, fue alguna vez comprobado adecuadamente (según los Textos Sagrados). Insistes en que te enumere los lugares en que aparece citado, especifique las autoridades que tratan sobre el asunto y añada aserciones verdaderas. He aquí ¡voto al cielo! que cumplo con tu deseo, y si a ti te produce un poco de alegría hablar de ello, para mí será un placer inconmensurable.

Los hebreos han poseído todas las artes y las ciencias que ahora se pretenden novedosas aunque los antiguos ya las hubieran descubierto, como por ejemplo su técnica en el arte de imprimir, como se demuestra por las dos tablas

---

4. Oro Potable es un licor de oro que no admite corrosión y que poquísimos reconocerán, aunque hay quien lo prepara cada día para infortunio de los hombres que no lo usan para su salvación. *Dictionarium Theophrasti Paracelsi* de Gerard Dorn. (Frankfurt, 1534).

El *Dictionnaire Mytho-hermétique* de Antoine-Joseph Pernety (París, 1867) contiene algunas definiciones sobre los estados distintos del Oro Potable que bien vale la pena consultar.

que llevaban los Sumos Sacerdotes, una sobre el pecho y la otra sobre la frente, con el Decálogo impreso.

Así también, en Deuteronomio 29, 23 hablan veladamente del peligro que supone el estruendo del polvo de nitro diciendo: *Azufre y sal*[5] *abrasada toda su tierra; no será sembrada ni producirá, ni crecerá en ella hierba alguna, como sucedió en la destrucción de Sodoma y Gomorra, de Adma y de Zeboim, las cuales transformó Adonai con su furor y su saña.* Este versículo, sin duda, esconde muchas cosas.

Sobre esta *Chymia [sic]* añado algunas cosas: me atrevo a decir que el instruido Adán no sólo fue el sumo formador de todas las cosas y el primer indicador del camino para encontrar lo oculto, sino que además fue Doctor en éstas y en otras materias, como el Arte o la *Chymia [sic]* y quizás también el instructor de Tubalcaín, experto en metalurgia, como vemos en Génesis 4, 22: *Y Zila también dio a luz a Tubalcaín, artífice de toda la obra de bronce y de hierro, etc.* También Moisés, David y Salomón, fueron hábiles cultivadores del Arte de la *Chymia [sic]*, tal y como indica el Texto Sagrado.

Pero ¿qué me detiene? Pienso dar a conocer cosas inauditas.

La Sagrada Escritura no hace referencia únicamente al Oro Potable sino que también introduce, en repetidas ocasiones, seis nuevas alteraciones y reducciones del Oro, a las cuales otorga distintos nombres. Esto que digo ha sido refrendado por alguno de los más antiguos y sa-

5. Por azufre y sal debe entenderse el nitro.

bios investigadores de las Escrituras, que afirman que las dos últimas citas bíblicas que citaremos más adelante, no han sido, hasta ahora, buscadas por los cazadores de misterios porque ni tan siquiera conocían estos nombres. De las cuatro restantes, les ha placido a los Hermetistas dar al Oro que se menciona en ellas los nombres siguientes: la primera, Oro purificado, la segunda, Oro calcinado, la tercera, esencia del Oro y la última, Oro vegetativo. Estos nombres no están en desacuerdo con los que, uno a uno, trataré a continuación.

PRIMERA: Oro Potable o *Mezahab* (מי זהב), tal como se escribe en Génesis 36, 39.

SEGUNDA: Oro purificado o *Zahab Mezucac* (מזוקק זהב), tal como se escribe en I Crónicas 28, 18.

TERCERA: Oro calcinado o quemado o *Saruf* (שרף) (como el becerro de oro calcinado o quemado) que cita Éxodo 32, 20.

CUARTA: Esencia de Oro, Oro fino (molido) o *Zahab Shajot* (זהב שחוט), como se escribe en II Crónicas 9, 15 y 16.

QUINTA: Oro, sin duda, vegetativo o *Zahab Parvaim* (זהב פרוים) (es decir: Generador, Reproductor), como se escribe en II Crónicas 3, 6. En el lenguaje de los Rabinos: *Zahab Meotet Perot* (מאותת פרות מזהב), que quiere decir Productor del Fruto del Oro, o que hace aparecer el Fruto del Oro.

SEXTA: Se refiere al Oro secreto de los Hermetistas, Oro Poderoso (זהב מופז), como se escribe en

I Reyes 10, 18. Los Rabinos dicen: *Dome Legofrit Mutsehet baEsh* (מזמה לגפרית מצאת באש). Como azufre revelado en el fuego, y también: (דומה לפז) como la piedra preciosa del Oro (llamada Pas).

SÉPTIMA: También el Oro no descubierto de los Hermetistas, Oro deshilachado (batido, dúctil o maleable) (זהב שחוט), como se escribe en I Reyes 10.16. Asimismo, los Rabinos lo llaman נטוה כחוט זהב, es decir, Oro con el que se puede hilar como si fuera lana o lino y también, שמנסה כשעוה que puede estirarse como la cera.

Los Rabinos, además, han dado noticia de un Oro del que algunos en el *Bamidbar Rabba*, y también Resh Laquish en su comentario sobre Éxodo, en *Shemot Rabba* 35, o bien, Rab Hashda en *Yoma*, folio 44, están persuadidos de que es el Oro de *Parvaim* (לדם הפרים דומה) u Oro reproductor o generador que se cita en II Crónicas 3, 6-8, y se llama así porque es parecido a la sangre de los toros: *Dome ledam Aparim* (לדם הפרים דומה).[6]

6. En hebreo פר significa a la vez 'toro' y 'reproductor, generador'. De ahí la relación entre *Parvaim* y *Aparim*. La sangre de toro es de color púrpura, el color del vino. Dicen que la Gracia, cuando se recibe, primero es incolora y después toma ese color amaranto o púrpura. De ahí que muchas veces en la iconografía cristiana la Virgen se cubre con un manto azul (que podría simbolizar el incoloro, como el agua en pequeñas cantidades) que es lo primero que se percibe, pero su vestido (que se percibe después) es de color púrpura.

Pero es un Oro de color rojo intenso, enteramente fundido, que usan los Sumos Sacerdotes en el pequeño incensario en los días de expiación. Rabí Bib, a propósito de este texto citado en el *Shir HaShirim Rabba*, comenta que este Oro Propiciatorio es de color amaranto (púrpura), pero como no me atrevería a decir si este color es natural o confeccionado por el Arte, tampoco lo incluiré entre las operaciones que describiré.

Después de haber dado conocimiento de los nombres del Oro, intentaré definir exactamente las siete clases de Oro, con la ayuda de Dios.

El Oro Potable es un licor confeccionado a partir de Oro, capaz de convertir todos los metales en Oro y Matred[7] conocía el modo de obtenerlo: lo recibió de su madre[8] *Mezahab* y lo realizó en su hija *Mehetabet* (Génesis 36, 39).

Por esta razón, los traductores caldeos, cautelosos, y los comentaristas del Talmud de Jerusalén han traducido «la hija de *Mezahab*» como «la hija de aquel (o aquella) que ha fundido el Oro».

---

7. Según san Jerónimo en su *Libro de los Nombres Hebreos*, *Matred* significa: 'persecución' o 'vara que golpea desde arriba'. En hebreo vemos que מטרד o sea *Matred* significa 'expulsado, exiliado'. Vemos que *Metred*, la exiliada, poseyó la Ciencia de la Sabiduría que le había sido legada por su madre *Mezahab* (מזהב), es decir «el Oro Potable» para el exilio. Esta posesión le permitió engendrar a *Mehetabel*, que según san Jerónimo en su libro mencionado significa ¡Cuán Bueno es Dios cuando ha perdido su aspecto de rigor!
8. El texto que estamos traduciendo dice que *Matred* era su Padre, pero según el versículo de Génesis era una mujer.

Para presentar esta opinión, algunos Rabinos explican que es más correcto leer *Mi-Zahab* (מי זהב), cambiando la vocal *Tseré* por un *Jirik*, con lo cual, también se podría leer ¿qué es el Oro?, dando a entender con ello que *Matred* poseía un Oro vil del que no se podría sacar transmutación alguna que no fuera vil, pues interrogaba con desprecio sobre el Oro diciendo ¿qué es el Oro? (מי זהב?). Ellos, sin duda, practicaban el Arte de transmutar completamente el oro en una Agua capaz de convertir todos los metales en verdadero Oro.

En el Texto Bíblico se proponen dos transmutaciones distintas: la transmutación de plata en Oro y la transmutación de bronce en ese mismo Oro, ambas por aposición, quizás, al licor mencionado.

Es evidente, en efecto, que David utilizó la plata, pues en I Crónicas 29, 4 se lee: *consagró diez talentos de Plata Purificada*[9] *para cubrir las paredes del Templo*, mientras que Salomón usó Oro para cubrir las paredes del Templo, tal como está escrito en II Crónicas 3, 6-8: *cubrió también la casa de piedras preciosas para ornamento; y el oro era Oro de Parvaim* (זהב פרוים).[10] *Así que cubrió la casa, sus vigas, sus umbrales, sus paredes y sus puertas; y esculpió querubines en las paredes. Hizo asimismo la casa del Santo de los Santos, cuya longitud era de veinte codos según el ancho del*

9. La Plata Purificada no es otra cosa que el Oro. Cuando habla, pues de Plata Purificada, habla de la transmutación de plata en Oro. Cabe destacar otra vez que se trata de una «cobertura de Oro».
10. Es decir, Oro muy puro o reproductor, generador.

*frente de la casa, y su anchura de veinte codos; y lo cubrió de Oro Fino* (זהב טוב) *que ascendía a seiscientos talentos.*

Es decir, Salomón cubrió con Oro selecto las paredes del Templo, mientras que David, su padre, las había cubierto antes con Plata Purificada. ¿Despreció audazmente Salomón aquí el mandato de David, su padre, al no utilizar Plata Purificada? Los mismos Rabinos allanan doctamente estas dificultades cuando explican en el *Shemot Rabba* 35, en *Bamidbar Rabba* y también en el *Shir HaShirim Rabba* que la plata que usó David para consagrar el Templo era un Oro verdadero.

Ni siquiera es necesario citar la sucesión de versículos de la Sagrada Escritura que tratan sobre este tema cuando en Esdras 8, 26-27 queda explicada la transmutación de bronce en Oro Fino. Dicho versículo dice así: *Pesé, pues, en manos de ellos seiscientos cincuenta talentos de plata, y utensilios de plata por cien talentos, y cien talentos de oro; además, veinte recipientes de oro de mil dragmas y dos vasos de bronce bruñido bueno*[11] *deseables como el oro.*

---

11. Bronce bruñido bueno, en hebreo נחשת מזהב טובה. A destacar que en la palabra צהב (dorado, bronceado, reluciente) y en la palabra זהב (oro) sólo cambia la צ por la ז. También es curioso que נחש signifique a la vez bronce o cobre y serpiente. Hablando de la transmutación del bronce en Oro Fino destaca Números 21 que trata de la serpiente de bronce. Sucedió que el pueblo de Israel murmuró por enésima vez contra su Dios y éste, como castigo, les envió serpientes ardientes, es decir, הנחשים השרפים para morderles (*Véase* n.º 21, 6). Un poco más adelante en n.º 21, 8 se lee: *Y dijo Adonai a Moisés: haz para ti una serpiente ardiente* (aquí para decir serpiente ardiente utiliza la palabra שרף) *y ponla sobre un asta y cualquiera que fuera mordido, al mirarla, sanará.* Y en el

¿Por qué alguien habría colocado (coloreado, impregnado, teñido) estos dos vasos de bronce bruñido bueno entre tantos objetos de oro y plata sino para revelar (anunciar, indicar) alguna cosa precisa? El versículo parece no dar gran valor al oro.[12]

Estoy convencido, ciertamente, de que se trata de la transmutación de bronce bruñido en Oro, y no hago esta afirmación de una manera gratuita: los principios gramaticales sostienen que en el idioma sagrado[13] el Oro, es decir, זהב, pertenece al género masculino, mientras que el bronce, es decir, נחשת, pertenece al género femenino. Por otra parte, en el versículo de la Sagrada Escritura que acabamos de citar (Esdras 8, 27) dice: מצה הטוב, o sea *bronce bruñida*[14] *buena* en lugar de «bruñido bueno», lo que indica que ese bronce fue convertido en oro de color rojizo, bronceado; por eso el adjetivo está escrito en el género femenino, es decir, «rojiza, bronceada». Y si alguien dice que la palabra bronceado rojizo, en hebreo מזהב, es una alteración de זהב que cambia la letra צ por la letra ז, hay que saber que no es así, porque si la ז es la

---

versículo siguiente se lee: *E hizo Moisés una serpiente de bronce* (es decir: נחש נחשת) *y la puso sobre el asta y cuando una serpiente mordía a varón [alguno], éste miraba la serpiente de bronce* (otra vez הנחשת נחש) *y curaba*. Se trata, pues, de la transmutación del bronce ardiente o serpiente ardiente en serpiente de bronce bruñido o bronce resplandeciente como el Oro.

12. Es decir, da más valor a los utensilios de bronce bruñido que al Oro.
13. Es decir, en hebreo.
14. En hebreo מצהב que aquí se traduce como «bruñido» también puede significar, amarillo, dorado, bronceado, rojizo.

inicial de la palabra Oro, la צ designa al Oro que antes fue bronce.

El Oro Purificado es el Oro que ha sido separado de los minerales que contenía, sin fuego ni calor de fusión, como David, que lo consagró poniéndolo dentro del altar del incienso, según II Crónicas 28, 18. Según el testimonio de la Sagrada Escritura y la Tradición confiada a la memoria de Rabí Judan y su escuela, plasmada en el *Shir HaShirim Rabba*, la manera de purificar el Oro es la siguiente: el Oro debe estar enterrado en un limo caliente durante siete espacios de tiempo y la mugre se consumirá completamente por medio de ese calor dulce. Después, al desenterrarlo, aparecerá absolutamente puro. Rabí Jannai, con su escuela, indica que existe un procedimiento más breve: debe fragmentarse el Oro en partículas del tamaño de una oliva que deben darse a comer a un camello, cuyo estómago lo purifica. Ésta es la opinión que sostiene Resh Laquish en *Shemot Rabba* 2.

La Cal de Oro es un polvo finísimo.[15] Es la reducción o disolución del oro por medio de la fuerza del Espíritu y de la Sal. He expresado la palabra «disuelto» porque no puede ser reducido, aunque puedan efectuar-

15. En hebreo existe una relación interesante entre la palabra cal שיד y el nombre del Todopoderoso שדי. Se trata de un anagrama: las mismas letras en distinto orden indican equivalencia entre las palabras. La Escritura utiliza a menudo esta manera de decir ocultando, por ejemplo (Deuteronomio 27, 3): «*Y levantarás a ti piedras grandes y las encalarás con cal* (שיד)» Y también (Job 22, 24-25): «*y pondrás por polvo de Oro y como piedras de arroyos, Oro de Ofir y el Todopoderoso* (שדי) *será tu Oro*».

se reducciones al Oro a partir de otros metales. Cuando el Oro es descompuesto y su acritud se separa de él, sale renovado. Moisés cultivó esta generación (procreación) como se explica en Exodo 32, 20: *Tomó el becerro de Oro, lo quemó al fuego y lo redujo a un polvo muy fino que esparció sobre la faz de las aguas y lo dio a beber a los hijos de Israel.* Es bueno añadir aquí el comentario de Rabí Abraham ben Ezra donde está escrito: *Algunos explican la palabra «quemó» como si se tratara de la palabra «fundió» lo cual no es necesario porque existe una cosa que se mezcla al oro, cuando éste se encuentra en el fuego y, al instante, el oro se quema y resta negro hasta el punto de no poder reducirlo de nuevo en oro. Esta cosa es ciertamente verdadera y conforme a la experiencia.*

No se me oculta que la sal vulgar mezclada al Oro puesto al fuego del reverbero, lo reduce a una cal esponjosa y, los Rabinos citados objetan que el becerro de Oro no fue quemado sino disuelto, puesto que el polvo que resta al quemar el Oro, no puede ser rehecho en Oro. ¿Podría referirse a la Cabeza de Cuervo[16] que tan felices hace a los Hermetistas? De lo contrario, hubiera sido corrosivo y un veneno fatal cuando Moisés bebió y dio a beber de él,[17] sin distinción a malos e inocentes.

16. *Se trata de la Materia de la Obra en putrefacción. Dictionnaire Mytho-hermetique* de Antoine-Joseph Pernety (París, 1867).
17. Del latín *propinare*, que quiere decir 'beber y dar a beber del resto de la copa'. En el MR XXX, 11 y 11' se lee: *El transeúnte de Dios abre el frasco que la vieja prostituta conservaba escondido bajo sus oropeles. Y después de haber bebido primero, le tiende el frasco lleno del licor dorado de los dioses.*

Nuestro Maestro Moisés de Gerona[18] en su comentario sobre el mismo texto, dice lo siguiente: *Se refiere al oro quemado y reducido a polvo, no a oro fundido, como indica Rabí Abraham,*[19] *ya que, introducido en agua, a causa de su ligereza, flota sobre la superficie.*

La Esencia del Oro es el Oro reducido, por medio del Arte a su propia masa. Tiene un peso mil veces inferior que añadida a una masa definida de otros metales, los convierte en Oro. Afirmamos que el Oro contiene mercurio y que cuando la mayor parte de este mercurio ha sido extraído por medio del Arte, el azufre, como forma más vivificada, continúa expulsando de una manera natural las formas de otros metales, para asociarlas a sí mismo extendiendo así sus propias fuerzas y formas.

De esta Esencia del Oro, Rabí Judá hijo de Ame, en el *Shemot Rabba* 12 nos legó lo siguiente: *Salomón había tomado mil talentos de oro y los había puesto al fuego, quedando así reducidos a un talento.* Esta opinión fue expresada por los Rabinos, con las mismas palabras, en el Talmud de Jerusalén.[20]

El Oro Vivificante es Oro que se nutre, aumenta y se crea análogo a sí mismo. Un Oro tal se conserva en una

18. Se refiere a Najmánides, célebre cabalista catalán del siglo XIII.
19. Rabí Abraham ben Ezra, polifacético sabio del siglo XII. Su texto dice así: *Hay una cierta sustancia que si se la quema junto con el oro, hace que éste se convierta en ceniza y nunca puedan recobrarse sus propiedades.*
20. Talmud de Jerusalén, III, *Yomá*, pág. 207.

tierra que quizás sobrepase las fuerzas de la Filosofía. El rey Salomón da testimonio de ello cuando dice en las Sagradas Escrituras (II Crónicas 3, 6-8): *Este Oro es el Oro de Parvaim*, es decir, el Oro de los Frutos. Esto hace pensar a los sagaces que este Oro que produce Frutos está dentro del Santuario.[21] Los Rabinos escrutando más profundamente, dicen, en *Shemot Rabba* 35 y en *Bamidbar Rabá* 12, que el *Oro de Parvaim* se llamaba así simplemente porque daba frutos. Esta opinión la dilucida con elegancia Rabí Ashaía en *Yomá*, folio 21 diciendo: *Cuando Salomón edificó el Templo, plantó en él toda clase de frutales deliciosos que a partir del Oro daban Fruto a su debido tiempo. Dichos Frutos caían cuando la brisa soplaba sobre ellos, pues está dicho en Salmos 72, 10: «y su fruto es sacudido como el Líbano», pero después, cuando los gentiles entraron en el Templo, dichos frutales se secaron como está escrito en Nahum 1, 4 «La flor del Líbano fue seccionada».* Esta misma enseñanza es repetida con pocos cambios por los Rabinos en *Yalcut* 8, 24[22] y en el *Shir HaShirim Rabá*: *No soy capaz de anunciar los misterios escondidos en la frase citada, sólo hago constar que para fundir el Oro Vivificante o Reproductor se necesitan muchas cosas que se han querido explicar con palabras encubiertas.*

*En primer lugar se necesita el favor de Dios, el más grande y el mejor y su Bendición que expone [pone de manifiesto]*

21. Ya que cubrió con él las paredes del Templo (*véase* II Crónicas, 3, 6 al 8).
22. Se trata del *Yalcut Simoni*, caps. 8 al 22 (ed. Jerusalén 1961).

*la construcción del Templo, no el propio trabajo personal, la propia inteligencia, su pensamiento o la luz de su razón. Es necesario que todos se persuadan de que para obtener el Arte es necesaria la luz de la Gracia.*

*En segundo lugar por medio de la Sabiduría de Salomón se insinúa que se necesita un intelecto adecuado, unas disposiciones naturales, unos hábitos y unos actos adquiridos por un largo estudio.*

*En tercer lugar para plantar se necesita una Tierra Filosófica, sin la cual, como indica Salomón, el Oro no podrá germinar jamás.*

*En cuarto lugar se necesita un tiempo fijado para la Obra, pues esta operación se desarrolla lentamente; por esto, añade correctamente: «producirá sus frutos a su debido tiempo».*

*En quinto lugar, para la maduración de los frutos y su cosecha, sugiere que es necesario un soplo y una brisa.*

El Oro robusto o reluciente como las piedras preciosas, es un Oro luminoso y tan compacto que no puede ser fundido ni trabajado con un martillo. Con este Oro, definido en I Reyes 10, 18 como Oro *Mupaz* (זהב מֻפָז) de la raíz *Pazaz* (פזז), recubrió Salomón el Trono de marfil, quedando fortalecido a causa de su solidez y su dureza. También Rabí Hashda en *Yomá*, folio 44 dice: *ya que se parece a una piedra preciosa llamada pas* (פז).[23] Con razón se lee en *Yalcut* 22 que no está equivocado el insigne comentarista cuando, sobre el texto de I Reyes citado, dice que este Oro brillante, resplandece como una piedra

23. פז en hebreo significa «Oro Puro».

preciosa. Finalmente, Rabí Patricius, hermano de Druso, afirma, como se puede leer en *Shemot Rabba* 35, y en otros varios pasajes que este Oro se presenta como un azufre encendido en el fuego.

El Oro Deshilachado (batido, dúctil, maleable) es un Oro cuya dureza se ha convertido en blandura y puede llegar a estirarse, como añade Rabí David Kimhi en su comentario a I Reyes 10, 16 que dice que puede estirarse como la cera, opinión que saca del *Shemot Rabba* 35 y de los textos citados anteriormente, donde se establece que este Oro puede estirarse como un hilo o puede ser un ungüento capaz de recubrir una superficie. Rabí Hashda trata del mismo asunto cuando en *Yomá* folio 44 dice que este Oro puede estirarse como un hilo. Los Rabinos afirman en el *Shemot Rabba* que este Oro se convirtió en algo difícil de encontrar después de la destrucción del Templo y que ahora casi no queda... Dicen que Adriano poseía una cantidad parecida al tamaño de un huevo y que Diocleciano tenía en su poder una cantidad que pesaba un denario. En la actualidad, el pueblo romano no conserva cantidad alguna.

De esta afirmación deduzco correctamente que los libros de *Chymia [sic]*, reunidos y quemados por Diocleciano, según Suidas,[24] no pertenecieron a los egipcios sino a los hebreos, pero en las historias se atribuyen muchos hechos a los egipcios que pertenecen a los hebreos, sobre todo, cuando se trata de ciencias, que se identifi-

24. Souda, ed. 1853 (*Suidae Lexicon*), col. 1629.

can más con los hebreos. El odio y el desprecio existente hacia el pueblo hebreo ha provocado esta situación y también el hecho de que los Sabios más grandes de entre los hebreos residían en Alejandría y se les llamaba «egipcios». Esto último es lo que me inclino a pensar haciendo gala de mi mayor benevolencia.

Todo lo que conozco sobre el Oro te lo he donado aquí con placer, pero, por supuesto, no me refiero al oro vulgar, sino al extraído del Tesoro de las Sagradas Escrituras. Ningún otro oro pude ser comparado a éste, como se dice en Job 28, 17.[25]

Deseo que te encuentres bien.

---

25. *No igualará al Oro ni el cristal ni el vaso de oro fino.*

# ANEXO 1:

# FACSÍMIL DE LA *EPÍSTOLA MEZAHAB*

# MEZAHAB EPISTOLA

*De*

## Auro potabili ex Sacrarum Literarum & Rabbinorum dogmatum promptuario extracta ad Doctissimum suum amicum, jam per totam Europam notissimum, ab Erudito quodam, qui hactenus ignorari optat, provide scripta. A.

LAudare Te nescio, nam & immodicas laudes, impares maximis tuis meritis futuras scio, neque proinde studium quo in te efferor, quod studia communia olim coluimus, famam tuam adaugere molitetur, cum cæteri, qui æquo judicio, sine affectu, sine passione ducuntur, exquisita verba, quibus tuam præstantiam interpretari valeant, gnaviter excogitent; ubi me extollendo, te digna ingetis, Exemplum tuæ probitatis in tui cultorem benefice perhibes, jam me, quæsiti altioris indaginis Arbitrum constituis, cur imperium tuum exequi ingratus detrectem, satius est, cum mei diffidentia humanitatem expendere, quam cum propria securitate tibi non integre satisfacere; presse scribam, quia ad Doctum, adeo

A odimus

odimus fluvium verborum, guttam sapientiæ; neque elegantiæ invidemus, quando non ornatam, sed veram orationem profitemur. Ambigis, utrum auri potabilis nomen, tum inventum nostræ gentis Doctoribus congrue exploratum aliquando fuerit? indicem loca, objectem Authoritates, adjiciam veras assertiones. instanter adhorteris, ea votum tuum, quod mihi multum gaudii, si tibi oblectamenti modicum allaturum plane scito!

Scientias & artes totas tenuere Hebræi, quæ in dies novæ pertendi perhibentur, penes Veteres
B sane dudum compertæ: ut prælii cursorii artificium, binis Tabellis impressus Decalogus, frontale cum pectorali Pontificis Maximi exacte indigitarunt. Sic Pulveris nitrarii perniciosa tonitrua
C Sacra pagina Deuteronom. c. 29. v. 23. luculenter insinuat, combustam universam illam terram ex Sulphure & Sale, subaudi, nitro, acriter minatur, reticeo plura. De Chymia adjicio pauca. Adamum, aut à summo rerum conflatore, edoctum, aut abstrusiorum naturæ recessuum indagine ductum, quemadmodum cæterarum artium, ita primum Chymiæ, non ausim dicere cultorem, sed Doctorem fuisse, ab eo postea forsan instructus Tubalcain Metallurgiam professus est, ut habetur Gen. cap. 4. v. 22. Abditiores Chymiæ operationes calluerunt & coluerunt Mosech, David,
D Selemoch, sacro textu testante: Quid moror? res inauditas proferre præsumo. Non modo Auri potabilis meminit Sacra Scriptura, sed etiam insuper sex alias auri alterationes & reductiones ubertim insinuavit, quarum duæ hactenus arcanorum venatoribus, neque nominetenus exploratæ; at cæteras

tetas quatuor sic nuncupare Hermeticis libuit, primam aurum defæcatum, alteram auri calcem, tertiam auri essentiam, postremam aurum vegetativum, nominibus revera non incongruis iis, quæ referre singulatim aggredior.

Prima, Aurum Potabile Mezahab, aqua nempe auri Gen. 36. v. 39. nuncupatur. g

Secunda Aurum defæcatum Zahabme Zucac aurum defæcatum 1. Paralip. cap. 28. v. 18. dicitur.

Tertia, calx nempe Auri Zahab sacuff aurum combustum Exod. 32. v. 20. appellatur.

Quarta, auri scilicet Essentia Zahab tahor aurum mundum 2. Paralip. cap. 9. v. 16. 18. A

Quinta, aurum videlicet vegetativum, Zahab parvaim 2. Paralip. c. 3. v. 6. 8. & Rabbinico idiomate zahaf mothi peroth, aurum producens fructum; aliquando etiam zahab sehru haseh peroth, aurum quod facit fructus depromitur,

Sexta, aurum ignotum Hermeticis, zahab muphaz aurum robustum 1. Reg. 10. v. 18. apud Rabbinos Dome legofrit mutseher baes, simile Sulphuri accenso in igne, aliquando vero Dome Lapaz simile gemmæ spaz dictæ accipitur,

Septima, etiam incompertum Hermeticis aurum zahab sachut, aurum protractum 1. Reg. cap. 10. v. 16. hoc Rabbini zahab senitva cahut, aurum quod netur tanquam filum, aliquando vero semin sach queșa hava, quod trahitur tanquam cera passim dixerunt.

Adjecerunt Rabbini amplius unius auri notitiam, quorum aliqui Banudvar zabbach iz quin etiam Reslataquis Seemith Rabbah 35. utpote

A 2 Ra-

Rab Hasda in joma fol. 44. aurum esse parvajim 2. Paralip. 3. v. 6. 8. nuncupatum sibi persuasum habent idque Domch Ledarh aparim, simile sanguini Taurorum indigitant, aurum nempe impense rubrum, ex hoc acerra, qua summus sacerdos, expiatorum die utebatur, integre conflata erat, addit Rabbi Bib præcitato loco scir hascitim Rabbah loco, aurum propitiatorii, plane colorem coccineum præ se tulisse, sed cum asserere non ausim, rubrum colorem natura an potius arte hoc aurum acquisiverit, id inter auri operationes recensere vanum decrevi: Ergo post nominum notionem, septem auri species definire, Deo propitio exacte intendo.

F Aurum potabile, liquor est ex auro confectus, omnia metalla in aurum convertere valens, cujus parandi modum Matred Pater Meetabel, Mezaab Gen. 36. v. 39. possidebat. Ideoque circumspecte Interpres Chaldaicus, imo & Paraphrastes Hierosolymitanus, filiam Mezahab, filium conflantis aurum verterunt, quam sententiam insinuaturi Rabbini, præfatas dictiones, mezahab, puncto
G Tsere in punctum Chirech mutato, Mizahab, quid est aurum, non immerito legi posse conten-
H dunt, quasi inculcarent, aurum habuisse Matred vilipendio, cum id despiciens, quid esset interrogare consueverit, artem namque callebat, aurum in aquam, cætera metalla in verum aurum redigere aptam, omnino transmutandi.

Decet equidem, quando sacra pagina nobis exempla suggerit, bina depromere; primum ar-
I genti in aurum; alterum æris in idem aurum transmutati, prædicti liquoris forsan appositione. Argentum

gentum vertisse David in aurum exinde patet, quod aliter facer Textus cohærere nequiret. Nam 1. Paralip. cap 29. v. 4. legitur: David septem millia argenti defæcati talenta ad templi Parietes obliniendos consecrasse 2. Paralip. cap. 3. v. 6. 7. 8. Selemoh cum auro selecto templum obduxisse perhibetur: Si Pater argentum ad parietes obliniendos consecravit, quando filius eos auro obduxit; an proterve jussa Parentis neglexit; sed docte difficultatem tollunt Rabbini, quam ipsi moverunt. Scemoth Rabba cap. 35. Bamud var Rabba cap. 12. ut etiam Schir asschirim Rabba, ubi testantur argentum à Davide consecratum, revera aurum fuisse, quo non præstantius alterum: Neque Sacræ Scripturæ series aliud suppeditat, K
quam quod æs aliquando in purum aurum mutatum fuit; quando ipse Hezra lib. 1. cap. 8. v. 25. talia promat: appendi ad manus eorum argenti talenta sexcenta quinquaginta, & vasa argentea centum talentorum; auri centum talenta, & crateres aureos viginti Drachmarum mille, & vasa æris optimi duo optabilia tanquam aurum. Quis inficiabitur, hæc æris pocula, cum bina tantum inter tot argentea, & aurea donata fuerint, aliquid singulare portendisse; potissimum cum textus afferat, ea auro æstimatione minime cessisse. Mihi equidem persuadeo ex ære in aurum mutato ea constitisse, hoc conjectura non vulgari firmare sic instituo, qui rudimenta Grammatices tenent, aurum esse in sacro idiomate masculini, æs vero fœminini generis, satis novetur, ut allatos textus sic habet: vasa æris ruffi cum ruffæ fœminino adjectivo dicendum foret; quod implicite satis

monet æs illud in aurum ruffum conversum fuisse, ut adjectivum ruffi, ad aurum, quod subintelligi debet, referri congruum sit. Ad hæc ruffum Hebraice Musthab, nulla corruptione, ex canonibus Grammaticis mutata Tsade litera in Zain, aureum denotat, ac si dicas æs re ipsa aureum, seu quod prius æs fuerat, jam est aurum.

L Aurum defæcatum, aurum est à quovis mineralium consortio, absque ignis fusionisve favore segregatum, quale David ad Altarè suffimenti condendum consecrasse 1. Paralip. cap. 28. v. 18. Sacra litera testatur, hujus puritatis auro inducendæ rationem, ut memoriæ proditum est, scio Hasarin Rabbath, Rabbi Jodan cum suo collegio talem fuisse profert, in fimo calenti septenni spatio, aurum sepultum condebatur; quod postea effossum, cum recrementa à placido illo calore consumpta essent, absolute sincerum reperiebatur. Rabbi Jona cum suo collegio compendiosiorem fuisse talem rationem ostendit, in frustum olivæ ad magnitudinem aurum scissum, ubi strutiocamelis devorandum porrigeretur, ab eorum alvo purissimum regerebatur, hanc sententiam in Scemoth Rabbat c. 1. Res laquis plane fovet.

M Calx auri, pollen est tenuissimus, in quam aurum corrosum vi Salium & Spirituum aut solutum, aut redactum est; distinxi merito, solutum, namque reduci nequit, at forte alia metalla in aurum reducere valet. Corrosum vero, acredine segregata redivivum evadit. Coluit hanc gene-

N rationem Moses Exod. 32. v. 20. ubi proditum est, comprehendisse vitulum auri, eumque combussisse in igne, ac in pollinem tenuissimum reduxisse.

Placet

Placet super hoc textu Rabbi Abraham Aben Hezra commentarium annectere, in quo talia scripta reliquit: Aliqui dictionem *combussit*, perinde explicant, ac si fudit, scriptum esset, sed non opus est tali explicatione, nam adest res, quæ auto immiscetur in igne, ac continuo aurum comburitur, & nigrum manet, adeo ut rursus in aurum reduci nequeat. Hæc res equidem est experientiæ consona & vera, hæc ille. Non me latet, sal vulgare igne reverberii admixtum auro, in spongiosam calcem id reducere. At præfatis Rabbinis solutum, non corrosum fuisse vituli aurum objectat: cum in aurum pollinem combustum reduci non posse, primum asserat; rursus pulverem nigrum manere ingerat: An Caput Corvi Hermeticorum gaudium, subaudiat? merito autem corrosum non fuisse decernit, nam id exitiosum venenum, cum propinaret Mosech, sine delectu, nocentibus innoxiisque. Rabbenu Mosech Gerundensis, itidem in suo commentario eandem sententiam amplectitur, talia proferens: Aurum combustum, forte non fusum, sed revera combustum, & in Pollinem redactum, ut, Rabbi Abraham censet, quod aquæ injectum, cum leve sit, in superficie innatat. O

Auri Essentia, est aurum ad sui ipsius molem, & pondus millecuplo minus, arte redactum, quod aliis metallis adjectum, ea ad finitam quandam molem in aurum convertit; fatemur equidem, aurum abundare Mercurio, quo per artem fere extracto, Sulphur tanquam forma vegetior, aliorum metallorum formas expellere, materias sibi adsciscere, quatenus actus ejus & vires extenduntur, P Q

A 4 natu-

naturali conatu sponte pergit. De qua essentia Rabbi Juda, filius Ame, in Schemot Rabbah 12. talia memoriæ prodidit. Mille talenta auri capiebat Selemoh, quæ ab eo igni indita, ad unum talentum reducebantur, quæ sententia à Rabbinis in Talmud Hierosolymitano producta, fere iisdem verbis jam prius fuerat.

Aurum vegetativum est aurum, quod nutritur, augetur & sibi simile generat; seruit tale aurum in
Q terra forsitan Philosophiæ vires superante. Rex Selemoh hoc teste Sacra Scriptura 2. Paralip. 3. v. 6. 7. 8. cum dicat, & aurum aurum fructuum, Prudentibus inculcat, ac si proferret, in Sanctuario aurum extitisse, quod produceret fructus, penitius rimantes Rabbini, dicunt Schemoth Rabbah 35. Banudvar Rabbah 12. Aurum Parvaim hoc nomine, quia fructus faciebat, insignitum fuisse,
R quam sententiam eleganter enucleat in Jona fol. 21. Rab Asahia hæc prodens; ubi Selemoh exstruit templum, in eo Plantavit species omnes fructuum Delicatorum, ex auro producebantque quos fructus in suo tempore. qui quando in eos efflabat aura, cadebant, nam Scriptum est Ps. 72. v. 10. Et concutietur sicut Libanon fructus ejus, sed postea cum Ethnici in templum ingressi sunt, aruerunt. Nam Scriptum est Nahum c. 1. v. 4. & flos Libanum succisus fuit. Hanc eandem Doctrinam Rabbini paucis verbis mutatis, Rabbini in Jadcut c. 8 24. rursus in Scir Ascyrim Rabbah ubertim repetitusque; Non valeo effari arcana, in sententia præfata quæ reconduntur, hoc satis constat, ad aurum vegetativum constandum, plura requiri, teste assignare voluisse.

Primum;

Primum: D. O. M. favorem, & benedictionem per exstructionem templi objectavit: Ne quis propria industria, mente, rationis lumine actus, hanc artem adepturum quisquam sibi persuadeat, gratiæ Lumine opus. Secundum: esse intellectus possibilis, dispositiones naturales, habitus & actus ob longa studia acquisitos, per Selemoh sapientiam insinuavit. Tertium: Plantantem induxit Selemoch, quia sine terra Philosophica, aurum nunquam vegetatum iri constat. Quartum: tempus constitutum operi necessarium est, nam lente tanta operatio procedit, ideo merito addidit, producebant fructus in suo tempore. Quintum: ad maturationem fructuum, eorumque decerptionem, flatu & aura opus esse ingerit. S

Aurum robustum seu gemmeum, aurum est lucidum adeo compactum, ut fundi aut malleo duci plane recuset; quo Selemoch solium eburneum texit 1. Reg. c. 10. V. 18. Dicitur enim Hebraice Muphaz ex radice *pazaz*, roboratum est propter soliditatem & duritiem, quia etiam ut *Rab Hasda* in Joma fol. 44. quia gemmam quandam pax nuncupatam æmularetur: hoc dictum & in Jadrut cap. 22. legitur nec immerito Eximius commentator in Textu Regum allato talia profert, hoc aurum fulvum erat splendens ac gemma. Tandem *Rabbi patricius* filius *Drusi*, ut legitur *Semoth Rabba* c. 35. Quod variis in locis repetitur, asserit, hoc aurum, sulphur in igne accensum præ se tulisse.

Aurum protractum, aurum est, cujus durities T plane, ut tangenti locum cedat, quod addit Rabbi *David Kimchi* super comment. 1. Reg. c. 10. v. 16. ajens quod hoc aurum tanquam cera extendetur.

retur, quam sententiam transtulit ex schemoth Rabbah c. 35. & locis supra citatis, ubi perhibetur, prædictum aurum sicut filum protrahi, atque ex eo ceu ex cera unguentum effingi potuisse ad oblinendum, idem testatur Rab. Hasda in Jona fol. 44. pronuncians, hoc aurum protrahi sicut filum potuisse. Asserunt Rabbini *schemoth Rabba* rarissimum aliquando post templi destructionem fuisse hoc aurum; jam vero nullibi terrarum reperiri; ajunt enim. Adrianus ad magnitudinem ovi, portionem, Diocletianus vero denarii pondus, prædicti auri possidebant. At in præsentia Romanorum gens nihil tale habet, ex hac assertione non immerito colligo, libros de Chymia conquisitos & combustos à Diocletiano, *referente Suida*, non ut ille ad Ægyptios, sed ad Hebræos pertinuisse: plura enim Ægyptiis in historiis attribuuntur, potissimum quando de scientiis agitur, quæ firmius Hebræis cohærent, quod vel propter invidiam vel gentis despectum, vel quod benignius censeam, propter sapientissimos Hebræos in Alexandria tum temporis commorantes, Ægyptios nuncupatos, tantum fuisse arbitror. Quicquid habui de auro, tibi libenter obtuli, aurum non vulgare, sed è Thesauro sacro depromptum, cui nullum præterea aurum æquiparari valet. Job. 28. v. 17. Vale!

# ANEXO 2: POEMA

AL MÁS NOBLE DE LOS VARONES

EXCMO. DON JUAN LUDOVICO HANNEMANN

Profesor celebérrimo, Práctico y Químico
muy experimentado en la Academia de Filosofía Natural
de Kiel e ilustre miembro de la Academia
Curiosorum Naturae.
Desde la grandeza de Néstor
amigo íntimo y defensor de sus colegas.
A propósito de su
MEZAHAB
verdaderamente aurífera

Cuando la VID SALOMÓNICA, un día, floreció
en abundancia
Siempre cubierta por UVAS DE DORADAS HOJAS
Antaño inútilmente el judío trató de convencer
[del hecho]
¡Mucho más de lo que se podría esperar! Las palabras
carecen de peso
Algunos de vosotros desprestigiasteis la fe del Hebreo
¡Creed al Germano!
HANNEMANN, químico excelente y médico experto
La Vid será este vengador

. . .

Éste es seguidor de Lulio, preferible a Sidonio
Por esto no perseveran los hombres vulgares: porque
son torturados por el fuego.
¡Renueva tú esta VID!, de NÉSTOR será la obra
Y será la obra de NÉSTOR de UVAS resplandecientes
como el oro.
Al cortar distinta vid, falsamente untó
Será la obra de NÉSTOR despellejar al TERNERO
estremecido

. . .

De delicadas plantas de arácea será la obra de NÉSTOR
ORO rutilante que volvió a las arenas del Páctolo
El Ganges y también el Hermo, ola de riquezas del Tajo
¡Qué significa! ¡En qué lugar bajo la piel transporta
el brillo del Oro!
¡Y qué jarro guarda las riquezas! ¡Créeme!

. . .

NÉSTOR, a quien los secretos se abren y se revelan
completamente
y también lo ignorado termina siendo NADA
¡Acudan árabes, asómbrense Geber y Paracelso!
¡Alaben a NÉSTOR que posee la cosecha de Oro!

GREGORIO HANNAELIS
Doctor en Filosofía y Medicina
Mayo de 1687

Viro Nobilissimo, & Excellentissimo, Dn.

# D. JOHANNI LUDOVICO HANNEMANNO,

In Academia Kiloniensi Philosophiæ Naturalis Professori Celeberrimo, & Practico atque Chemico Experientissimo, Illustris Collegii Naturæ Curiosorum Nestori Amplissimo, Dn. Collegæ, Fautori, & Amico, Conjunctissimo,

*in suo*

***MEZAHAB***

*verè*

Aurifero.

QUàm benè floruerit VITIS SALOMONEA quondam,
UVIS pubescens jugiter AURICOMIS,
Qum persuasit frustrà Judæus Apella.
Credibili majus! pondere verba carent.
At vos, vos, quicunque fidem detraxistis Hebræo;
Credite Germano! Vitis hic ultor erit,
Chemicus Excellens HANEMANN, Medicusque peritus.
Æmulus Hic Lulli, Sidonio potior;
Non, ut quà vulgus, duravit qui Igne lacertos,
Pampinat hanc, Vitem, NESTORIS opus erit!
NESTORIS opus eritque, Auro fulgentibus Uvis
Distinctam VITEM tondere falce levi!
NESTORIS opus erit, VITULUM excoriare micantem
ARONIS, bellè NESTORIS opus erit!
AURUM, quod rutilâ volvit Pactolus arenâ,
Ganges, atque Hermus, divitis unda Tagi;
Quid valeat, quid usque vehat sub tegmine fulvo,
Qindve sinu condat divite, crede mihi!

NESTOR

NESTOR, cui Secreta patent, expromet abunde,
Atque sibi ignotum qui sinit esse nihil.
Accurrant Arabes, stupeat Geber, & Paracelsus,
NESTORA collaudent! Aurea Messis adest.

Othiniæ d. 1. Maji. 1687.

GEORGIUS HANNÆUS, Philos. & Med. Doctor.

# ANEXO 3:

# EXTRACTOS DEL *SEFER HAZOHAR*

# Extractos del *Sefer Hazohar*

## a propósito de los siete tipos de Oro

De modo similar, el Norte genera al oro, pues del flanco de poder del fuego se genera el oro. Y tal como está escrito: «Del Norte el oro proviene» (Job 37, 22), pues el fuego se aferra a la tierra y genera oro. Y es como está escrito: «Hay un lugar cuyas piedras son zafiro y su tierras de oro» (Job 28, 6). Y este misterio es lo que está escrito en el versículo: «Harás dos querubines de oro, con golpe de martillo los harás, desde los dos extremos de la Cubierta» (Éxodo 25, 18). Además el agua se aferra a la tierra, y el frío de la humedad genera la plata. Ahora, he aquí que la tierra se aferra a los dos flancos del oro y la plata, y es entregada entre ambos.

El aire aferra al agua y aferra al fuego, y hace surgir de los dos a uno que es «a manera de bronce muy bruñido» (Ezequiel 1, 7). Y la tierra que mencionamos, cuando se encuentra de modo separado, por el poder de su sequedad y frío, hace surgir al hierro, y tu señal para recordarlo es el misterio de: «Si se embotare el hierro...» (Eclesiastés 10, 10). Y esa tierra se aferra a todos los demás elementos, y todos hacen en ella lo que se les parece en alusión a los metales mencionados.

Ven y observa: sin tierra no hay oro y plata y bronce, porque he aquí que cada cual aporta de lo propio al otro, para vincularse uno con el otro, y se aferra la tierra a todos. Porque dos flancos aferran al fuego y al agua, y el aire se aproxima a ella, la tierra, debido a estos dos: el fuego y el agua, y hace en ella su labor. Resulta que cuando se une la tierra con ellos, los tres elementos restantes, hace y genera la tierra otros poderes que se les parecen.

Al igual que al oro, genera la tierra el sobrante verde del oro; al igual que la plata, genera el plomo; al igual que el cobre supremo, genera el estaño, que es considerado un «cobre menor»; al igual que el hierro, genera el tipo de hierro denominado *eshet*, y tu señal para recordar esto último es el versículo: «hierro con hierro juntos» (Proverbios 27, 16).

Ven y observa: el fuego, el aire, el agua y la tierra, todos están aferrados no al otro y están entrelazados uno al otro, y no hay entre ellos separación alguna. Y esta tierra, cuando ella da a luz más tarde a los cuatro metales, ellos no se entrelazan uno al otro como los supremos, tal como está dicho: «Del Edén surge un río que riega el jardín, y de allí se divide y se transforma en cuatro cursos de agua» (Génesis 2, 10). Es decir, en estos ya existe la separación (II, 24a y 24b).

A propósito del rey David está escrito: el cabello de su cabeza estaba marcado con la tonalidad de siete tipos de oro. Rabí Shimón dijo: pero he leído en el *Libro de Adán*, el ancestro, que dice así: no había en su cabeza sino una sola tonalidad, y las otras tonalidades se hallaban en los demás lugares de su cuerpo donde había cabello. Por eso se dijo que tenía la imagen del Mesías, ya que era el ungido, el Mesías de El Eterno, antes que la Luna ya que su aspecto era más hermoso que el de la Luna.

La tonalidad de su rostro era como el oro denominado *ierakrak*.

La tonalidad de su barba era como el oro denominado *ofir.*

La tonalidad de la convexidad de sus ojos era como el oro denominado *sheva*.

La tonalidad de sus cejas que había sobre sus ojos era como el oro denominado *parvaim*.

La tonalidad del cabello de su cabeza era como el oro denominado *sagur.*

La tonalidad de sus cabellos que estaban sobre su pecho, sobre la extensión de su corazón, era como el oro denominado *mufaz*.

La tonalidad del cabello que había sobre sus dos brazos era como el oro denominado *tarshish*.

Todas estas siete tonalidades estaban marcadas en todos esos lugares donde estaba su cabello (II, 72a-73b).

¿Y por qué está el oro por encima de la plata? Pues ciertamente que el oro asciende más que los otros metales, estando por encima de todos. Pero el oro de la labor del Santuario fue mencionado en modo general, sin especificar. Y éste es el oro supremo que es el séptimo de todos los siete tipos de oro. Y éste es el oro que ilumina y destella a los ojos. Y ésta es la razón por la que cuando el oro sale al mundo y se puede conseguir, quien lo consigue lo guarda con él. Y de allí, salen y se proyectan todos los tipos de oro.

¿Cuándo se denomina oro quien se denomina oro? Cuando posee luminosidad y asciende con el temor de la gloria. Y entonces está con alegría suprema, para alegrar a los entes inferiores con su irradiación de luminosidad. Y cuando está con el juicio, cuando cambia de esta tonalidad a otra tonalidad turquesa, negro y rojo, entonces está con el juicio severo. Pero el oro está asociado con el secreto de la alegría. Y asciende con temor y alegría, y con el despertar de alegría.

[...]

Pues la cabeza suprema es el oro, como está escrito: «tú eres la cabeza de oro» (Daniel 2, 38). «Su pecho y sus brazos, de plata» (Daniel 2, 32). Y cuando se completa la plata, entonces se completa con el oro.

Y este secreto está indicado en: «Manzanas de oro con figuras de plata» (Proverbios 25, 11). Resulta que la plata se vuelve oro. Y entonces se completa su lugar. Y por eso son siete los tipos de oro (II, 148a).

# ANEXO 4:

# EXTRACTOS DEL CAPÍTULO II DEL *ESH MEZAREPH*

# Extractos del capítulo II del *Esh Mezareph*

del barón Knorr von Rosenroth

Éste es el oro al que se le atribuye la noción de Tetragrama, (Éxodo 32, 5), en el relato del Becerro de Oro, que debía ser reducido a polvo y mezclado con agua (Éxodo 32, 20), a partir de lo que deducirás que en la Obra hay siete tipos de oro que se siguen inmediatamente uno después del otro.

En primer lugar el oro simple, llamado escuetamente *Zahab*; pues es verdaderamente oro, aunque no extraído de la Tierra, ni destruido por la violencia del fuego, sino vivo, surgiendo de las aguas; unas veces de un color negruzco, otras amarillento y a menudo del color del pavo real; representa espontáneamente a las aguas, y a éste se le puede llamar *Zahab Saba*, como si dijeras *Sabi*, el oro de la cautividad, porque es hecho cautivo y encerrado en su prisión; donde ayuna durante cuarenta días y cuarenta noches para que no se sepa qué ha sido de él, (Éxodo 32, 1); pues entonces no posee apariencia externa, del mismo modo que Moisés se encontraba escondido y no sabían que había sido de él.

En segundo lugar, se convierte en *Zahab Shakuth* como si le hubieran matado y asesinado ya que muere y su cadáver se pudre, y se vuelve negro luego se le juzga y le gobiernan las Cortezas (*Klipoth*), y los poderes del nombre de 42 letras completan su tiempo en él.

En tercer lugar sigue entonces *Zahab Ophir*, como si dijeras *Aphar* ya que es del color de las cenizas, cuyo tiempo te lo determinarán las veintidós letras del alfabeto.

En cuarto lugar se vuelve *Zahab Tob*, oro bueno, porque sirve para dar color aunque no tiene el color del oro sino el de la Plata. Se le puede llamar *Ketem* según Lamentaciones (4, 1).

¿Cómo se coloreará el Oro de rojo, y *HaKethem HaTob*? ¿Se cambiará la buena Plata? Y por eso hace referencia a aquel texto de Job (22, 24), y ponlo sobre *Opher*, hubiera dicho *Opheret*, plomo, *Batsar*, plata o sea este Oro Blanco. Pues de aquí tendrás plata. Y a la plata, cuando se encuentra en estado de Piedra añádele *Naljlim*, Ríos de aguas metálicas, de donde obtendrás *Ophir*, o sea Oro de *Ophir*, el cual se consideraba el mejor. Lograrás ahora el número del gran nombre *Ahejeh*; conseguirás estas cosas después de veintiún días. Si ahora quieres abrir tu Tesoro, ábrelo; pero todavía te abundará la plata como las piedras, (1 Reyes 10, 27). Pero si deseas más, deja estar a tu oro.

En quinto lugar, *Zahab Sagur*, Oro Encerrado: déjalo que permanezca en Prisión, en el lugar de su maduración, en las entrañas de la Tierra de los Sabios todo el tiempo que Ezequiel estuvo dormido (Ezequiel 4, 6) y tu oro se volverá él.

En sexto lugar, *Jorak Rak*, Oro Amarillo, como *Zahab Panvajim*. Éstos son los treinta hombres (Jueces, 14, 19) que Sansón mató.

Una vez hecho esto, y en séptimo lugar, tu oro será *Paz* y *Muphaz* y *Uphaz*; siendo reformado para conquistar y dar color a todos los metales imperfectos. Éste es *Jarutz*, esa cosa afilada que Job (41, 30) dice que debería ser arrastrada sobre el cieno, por ejemplo metales imperfectos que poseen *Coaj*, poder para producir oro; pues *Tit* y *Coaj* tienen la misma guematria. Y hazlo hervir como una olla, un mar de gruesas Aguas Metálicas, y se volverá como una vasija de ungüentos: pero después de eso dejará en pos de sí blanco su camino. Bendito sea el Nombre de la Gloria de su Reino eternamente.

# ANEXO 5:

# *Sobre los signos de los minerales de Paracelso*

# Sobre los signos de los minerales

de Paracelso

Cuando los minerales y los metales son extraídos de la tierra, además de sus impurezas, conservan el *Archeus* y el Espíritu que recibieron de los Astros superiores, que se manifiestan, entre otras cosas, por medio del color distinto que toman dichos minerales y metales y que son los signos de los mismos.

Así descubrimos fácilmente los minerales que contienen oro, los que contienen plata, los que contienen cobre, los que contienen hierro, etc. y también los que contienen varios de ellos mezclados. Debe entenderse que solamente pueden estudiarse de manera fiable cuando están en las minas o acaban de salir de ellas en nuestra presencia, de manera que no tengamos la menor duda de que sus colores y texturas son auténticos y no han sido manipulados por los hombres. También habrá que tener en cuenta la profundidad donde se han criado y la antigüedad de la vena de donde proceden pues cuanto más antigua y profunda, más fiable es su estudio dada la concreción de su contenido y menor su cantidad de impurezas.

Según afirman los Filósofos, todos los componentes del mundo crecen continua e ininterrumpidamente mientras permanecen en su matriz, tanto si ésta se encuentra dentro de la tierra como si se coloca afuera. Inmediatamente después, cuando la matriz desaparece, se multiplican según su sustancia, medida y peso por medio de los elementos externos hasta el tiempo predestinado, distinto para minerales, vegetales o animales.

Estos elementos externos marcan los días de vida de las cosas de una manera categórica pues desgastan mucho la materia, pero, aquello que ha permanecido siempre dentro de la tierra al no estar sometido al calor, al frío, a la humedad, a la sequedad, al viento, etc. se conserva por mucho tiempo y no se ve afectado por la podredumbre ni por la descomposición.

[...]

Muchos expertos en metales creen que la profundidad de la veta es de una importancia capital –cosa que les enseña su propia experiencia–, pero añaden que la calidad del metal depende también de que la mina mire a oriente. Nosotros sabemos que no es así pues si la profundidad y las condiciones son las adecuadas, veremos que el resultado es igualmente bueno en una mina orientada de norte a sur o de oriente a occidente.

Existen otros signos que pueden observarse en el interior de la tierra por medio de los minerales y sus colores. Algunos mineros saben que cuando encuentran mineral de cierto color mezclado con la arcilla que extraen están muy cerca del metal a que corresponde dicho mineral y su color. También sucede que cuando la tierra extraída carece de metal pero es untuosa, rica, y de tonalidad blanca, negra, roja, amarilla, verde o azul intenso, un mineral y un metal de dicha tonalidad están escondidos muy cerca de allí. La malaquita, por ejemplo, que se encuentra cerca de tierra verdosa, presagia la presencia de bronce verde. El arsénico se encuentra cerca de tierra blanquecina e indica la presencia de cobre. Si la tierra contiene mineral dorado o plateado estamos cerca del oro o de la plata, y allí donde la tierra tiene un color ferruginoso encontraremos hierro. Los mineros tienen así una base certera para continuar sus operaciones, de lo contrario, prefieren desistir en su empeño.

Debemos destacar que a veces puede suceder que el *Archeus*, que permanece escondido en la cavidad más oculta de la mina, por debajo del metal, emerja y surja. Esto es muy buena señal y los mineros no deben desistir de continuar su búsqueda, pues ciertamente están muy cerca de su descubrimiento. También es muy buena señal que en la superficie y, adheridas a las piedras, se observe la aparición de finas capas de metal o de talco.

En cuanto a las crepitaciones resplandecientes deben observarse y estudiarse cuidadosamente, porque son la prueba absoluta de que allí se oculta algún canal que contiene partículas del mismo metal. El chisporroteo mencionado procede de partículas de dicho metal, aún inmaduro, en contacto con el aire sutil que llega por el conducto, antes de ser fijado convenientemente, como lo haría el esperma masculino al penetrar en la matriz femenina.

Por otra parte, hay que saber que dichos chisporroteos pueden ser de tres colores distintos, es decir, blanco radiante similar al color de la luna, amarillo dorado, o bien, rojo. Nos indican la clase de metal que vamos a encontrar allí: cuando se trata de chisporroteos blancos radiantes como la luna, estamos cerca del estaño, el plomo o la plata. Cuando son rojos veremos pronto el cobre o el hierro y si son amarillos dorados, sin duda, se trata de oro.

Debo añadir, además, que un chisporroteo tenue y sutil es una óptima señal, como lo es, también, la flor pequeña y escasa de algunos árboles, signo seguro de que sus frutos serán grandes y sabrosos.

Pero, ¿qué es el chisporroteo? Eso también lo explicaremos aquí. Hay que saber que aparece de noche en las minas como un fuego centelleante, justamente así, y también como un polvo ígneo esparcido hacia adelante a partir de su núcleo o pedernal. De este modo se dice que el chisporroteo sigue un trayecto ya sea de oriente a occidente, de occidente a oriente, del septentrión al mediodía, etc.

Sin embargo, lo más importante es que sepáis que estos chisporroteos indican los Dones de Dios sacados de la tierra, pues cuando Dios creó al hombre, introdujo en él una parte divina que permanece escondida, pero, puso señales externas para que alguien sagaz pudiera reconocerla. Así, los hombres son como las minas que contienen un tesoro secreto que es necesario sacar a la luz

Los Sabios que han sabido descubrir este secreto, también nos han dejado pistas e indicios reflejados en sus textos, estatuas, fuentes, etc., como ruta a seguir para encontrar y sacar a la luz nuestro tesoro oculto.

[...]

Así como, según hemos explicado, el metal que aún es imperfecto anuncia su presencia por medio del chisporroteo mencionado, así también, la Tintura de los Físicos, en el momento de convertir el oro y la plata imperfectos en Oro y Plata perfectos (o bien, metales blancos en plata y metales rojos en oro), muestra, como signo peculiar, un chisporroteo similar.

Tan pronto como una pequeña masa se convierte en metal líquido, Tintura y metal líquido se encuentran en el mismo fuego, aparecen, entre los cuernos de la cabeza del chivo, los chisporroteos mencionados o fulgor natural, como sucede con el del Oro y la Plata Finos.

De hecho, nuestra Tintura procede de los Astros. Hay que saber, además, que una chispa Astral o Celestial que en realidad es su primer Ser, subsiste en el núcleo del metal durante todo el tiempo en que éste permanece escondido y que corresponde a un astro preciso. Así el Oro contiene una chispa de Sol, la Plata de Luna, el Cobre de Venus, el Hierro de Marte, el Estaño de Júpiter, el Plomo de Saturno y el Cinabrio de Mercurio. Tan pronto como la parte volátil alcanza su perfección coagulándose con el cuerpo metálico fijo, la partícula Celestial que contenía dicho cuerpo metálico imperfecto desaparece, dejando tras de sí un metal muerto. A continuación, la partícula Celestial mencionada alcanza su perfección absoluta y adquiere la facultad de comunicarla por contacto a cualquier cuerpo. Por esta razón, nuestro oro y nuestra plata que han sido tocados por dicho Cuerpo Celestial perfecto o Tintura adquieren, a su vez, sus mismas propiedades y se convierten en un medicamento con el que no puede competir ningún otro y en un oro maravilloso que ninguna mina podría crear por medio de la naturaleza. Así pues, nuestro Mercurio, obtenido de ese modo, es infinitamente más noble y más fijo que el mercurio común y sucede lo mismo con todos los metales.

Como consecuencia, yo afirmo que cualquier Alquimista que tenga en su poder el Oro Celestial o Tintura de Oro, puede convertir en oro –por contacto– cualquier Metal de color rojizo. Si tiene Tintura de Plata, puede convertir metales blancos en plata. Si tiene Tintura de cobre, puede convertir metales de color similar en cobre. Si tiene Plata Viva Celestial, puede convertirse en el Cuerpo de Mercurio.

En cuanto a las verdaderas señales que indican su presencia, debéis saber que nuestra Tintura que en su interior contiene en sí Oro Celestial es inmutable por completo, adquiere una sustancia fija y tiene la capacidad de penetrar al máximo en los cuerpos que toca, que posee un magnífico color de rubí y, cuando se presenta como un polvo, su tonalidad es de un rojo púrpura como la flor del azafrán. Su textura puede ser también como una resina fluida, transparente como cristal o frágil como vidrio pero de una gravidez colosal.

La Tintura blanca, que en su interior contiene Luna Celestial, también es una sustancia fija, de desarrollo inmutable y máxima blancura resplandeciente. Su textura es como una resina fluida, transparente como cristal o frágil como vidrio, pero dura como el diamante.

Además de los mencionados, existe el Cobre Celestial que posee un color parecido a la esmeralda. Su textura es como una resina fluida y su consistencia, pesada. El Estaño Celestial es de un blanco un poco apagado o empañado y fluido como la resina. El Hierro Celestial es de un intenso color rojo. Se parece a un granate brillante y posee una textura parecida a la resina fluida. Es frágil como cristal, de sustancia fija y muy poderoso. El Plomo Celestial es como el cobalto, negro pero transparente. Su textura es parecida a la resina fluida, es frágil como cristal pero posee el peso del oro.

La Plata Viva Celestial posee un maravilloso color blanco resplandeciente que desprende fulgores de distintos colores. Es parecida a los copos de la más fría de las nieves, pero sutil y penetrante, aunque posee una acidez corrosiva. Es transparente como el cristal, se disuelve fácilmente como la resina y es fría al tacto en la superficie y cálida como el fuego en su interior. La parte superior es volátil y si se pone sobre el fuego, muy fugaz.

Por medio de estas descripciones, sin duda, advertiréis que estas Tinturas no pueden obtenerse ni del oro, ni de la plata, ni de cualquier otro metal, sino de su primer Ente Celestial. Saber esto os evitará cometer errores al principio.

# Bibliografía

Biblia de Ferrara, Ferrara, 1720.

Caillet, A.: *Manuel Bibliographique des sciences psychiques*. París, 1913.

Cattiaux, L.: *El mensaje reencontrado*. Sirio, Málaga, 1987.

Comay, E.: *Diccionario hebreo-español*. Achiasaf, Tel Aviv, 1993.

Corominas, J.: *Diccionario crítico etimológico de la lengua castellana*. Gredos, Madrid, 1970.

Covarrubias, S. de: *Tesoro de la lengua castellana*. Alta-Fulla, Barcelona, 1987.

Dorn, G.: *Dic. Theophrasti Paracelsi*. Christoff Rab, Frankfurt, 1584.

Elmaleh, A.: *Dictionnaire Hébreu-Français*. Yavneh, Tel Aviv, 1974.

*Encyclopaedia judaica*. Keter Publishing House, Jerusalén, 1972.

Ferguson, J.: *Bibliotheca Chemica, a catalogue of the alchemical, chemical and pharmaceutical books in the collection of the late James Young of Kelly and Durris*. Maclehose e hijos, Londres, 1906.

FERRATER MORA, J.: *Diccionario de Filosofía*. Alianza Editorial, Madrid, 1979.

HANNEMANN, J.L.: *Ovum hermetico-paracelsico-trismegistum*. Kiel, 1694.

D'HOOGHVORST, E.: *El Hilo de Penélope*. Arola Editors, Tarragona, 2000.

JASTROW, M.: *Dictionary of theTargumim, the Talmud Babli and Yerushalmi, and the Midrashic Literature*. Pardes Publishing House, Nueva York, 1950.

LAHY, G.: *Esh metsaref, le Feu de l'alchimiste* (traducción y presentación de fragmentos conservados en la *Kabbala Denudata* de Knorr von Rosenroth). Lahy, Roquevaire, Francia, 2006.

NEBRIJA, A.: *Diccionario vocabulario latino-español*. J. Rodríguez de Escobar, Madrid, 1726.

PARACELSO: *La Naturaleza de las cosas*. Obelisco, Barcelona, 2007.

PATAI, R.: *The Jewish Alchemists*. Princeton University Press, Nueva Jersey, 1994.

PERNETY, A.: *Dictionnaire Mytho-hermétique*. Delalain, París, 1867.

REUCHLIN J.: *La Kabbale (De Arte Cabalística)*. Traducida por F. Secret. Arché-Edidit, Milán-París, 1995.

ROOB, A.: *El museo hermético. Alquimia y mística*. Taschen, Colonia, 1997.

SCHUDT, J.J.: *Jüdische Merkwürdigkeiten*. Frankfurt, 1717.

SECRET, F.: *Chrysopoeia*. J-C.Bailly, París, 1989.

SEGURA MUNGUÍA, S.: *Diccionario etimológico latino-español*. Anaya, Madrid, 1985.

# ÍNDICE

La alquimia es una ciencia que resulta del conocimiento de Dios, la Naturaleza y el Hombre. Es una ciencia espiritual que trata sin embargo con las cosas materiales pues espíritu y materia forman parte de un continuum. Pero la alquimia también es un arte, el Gran Arte, que se ocupa de la regeneración espiritual del hombre. En este trabajo, un verdadero clásico, el famoso autor de *Aventura en la mansión de los adeptos rosacruces* (Ediciones Obelisco) nos explica los rudimentos de este arte basándose en los autores clásicos, así como las principales reglas del trabajo alquímico. Culmina el libro un axiomata hermética en el que el lector descubrirá 43 axiomas que le conducirán a la Verdad alquímica.

PARA DEMOSTRAR LA ANALOGÍA DE LAS VERDADES DE LA NATURALEZA CON LAS VERDADES DE LA FE

El *Catecismo de la Química superior* de Karl von Eckartshausen es uno de los textos más curiosos de la alquimia cristiana de finales del siglo XVIII y principios del XIX. En forma de compendio, el autor expone algunas de sus ideas metafísicas más importantes, intentando conjugar las enseñanzas de la naturaleza con los arcanos de la alquimia y los misterios de la fe.

Este libro, inseparable de *La nube sobre el santuario*, contiene el famoso *Padrenuestro de los hijos de la Luz*, publicado por primera vez en castellano en esta edición.

*La naturaleza de las cosas* es uno de los escritos fundamentales de Teofrasto Bombasto de Hohenheim, más conocido como Paracelso, incluido en sus Obras mágicas, filosóficas, cabalísticas, astrológicas y alquímicas.

Compuesto por nueve libros o capítulos, expone un aspecto distinto de la Naturaleza, realizando un minucioso estudio de las cualidades naturales y las capacidades sobrenaturales de los seres y las cosas. En este libro, el gran médico y alquimista se refiere tanto a los remedios naturales que curan el cuerpo, como a los remedios sobrenaturales ocultos que curan el alma.